PEARSON

CAMINO a la LECTURA

Texto del estudiante

1

PEARSON

Glenview, Illinois • Boston, Massachusetts • Chandler, Arizona • Upper Saddle River, New Jersey

PEARSON

ISBN-13: 978-0-328-67173-1
ISBN-10: 0-328-67173-8
1 2 3 4 5 6 7 8 9 10 V042 18 17 16 15 14 13 12 11

Contenido

Unidad 1 *Mi mundo*

Contenido *continuación*

Unidad 2 *Animales domésticos y silvestres*

Contenido *continuación*

Unidad 3 *Comunidades*

Contenido *continuación*

Unidad 4 *Cambios*

Semana 1

Semana 2

Semana 3

Semana 4

Contenido *continuación*

Unidad 5 *Tesoros*

Contenido *continuación*

Unidad 6 *Buenas ideas*

Unidad 1
Mi mundo

15

Tarjetas de palabras de vocabulario

recreo	patio
tobogán	zapatos
jugar	ayudaba

Sonó el timbre. Terminó el recreo. Lina y Manu volvieron a la clase.

—Manu, nos queda un recreo más. ¿Quieres jugar a la mancha? —dijo Lina.

—¡Qué buena idea! —dijo Manu—. ¡Jugaremos a la mancha sin zapatos!

Nombre ____________________

¡A jugar!

Era el primer día de clases. Lina y Manu querían jugar en el patio.

¡Por fin! ¡Recreo! Sonó el timbre y fueron al patio.

Lina y Manu ya estaban en primer grado. En el patio de la escuela ya no había columpios. En el patio de la escuela ya no había tobogán.

¡Lina y Manu ya eran niños grandes! ¿A qué iban a jugar?

Lina era muy lista. Siempre pensaba juegos nuevos. Lina tuvo una idea. ¡Podían correr carreras!

Manu era muy prolijo. Tenía zapatos nuevos. Manu no quería ensuciar los zapatos nuevos. Lina tuvo otra idea. Los dos se quitarían los zapatos. Manu se sacaba los zapatos. Lina lo ayudaba. Al rato, los dos salieron corriendo.

Nombre ______________________________

Lee estas preguntas. Marca la respuesta correcta.

1. ¿Cómo era Lina?
   - ⬭ Lina era muy linda.
   - ⬭ Lina era muy lista.
   - ⬭ Lina era muy rápida.

2. ¿En qué pensaba siempre Lina?
   - ⬭ Lina pensaba chistes.
   - ⬭ Lina pensaba en merendar.
   - ⬭ Lina pensaba juegos nuevos.

3. ¿Cómo era Manu?
   - ⬭ Manu era muy pequeño.
   - ⬭ Manu era muy prolijo.
   - ⬭ Manu era muy listo.

Nombre ______________________________

4. ¿A qué jugaban Lina y Manu?

- ⬭ Jugaban a correr carreras y a la mancha.
- ⬭ Jugaban en los columpios.
- ⬭ Jugaban en el tobogán.

5. **Escribe** o dicta tres palabras que describan a Lina.

Nombre ______________________________

Dibuja a los personajes del cuento. Dicta una oración o frase sobre tu dibujo o escríbela en las líneas de abajo.

Nombre ____________________

Rodea con un círculo la palabra que completa mejor cada oración.

1. Me gusta bajar por el ____________ .
   tobogán recreo patio

2. ¡Vamos a ____________ al parque!
   jugar dormir ensuciar

3. Lina ____________ a Manu con la tarea.
   molestaba aburría ayudaba

4. Los ____________ se usan en los pies.
   zapatos guantes abrigos

5. En el ____________, jugamos a las carreras.
   recreo salón de clases tobogán

SALIDA

Tarjetas de palabras de vocabulario

vecinos	ventana
lloraba	músico
calle	metro

Sole tiene un amigo. Se llama Javier. Es músico. Javier toca la flauta en el metro. A Sole le gusta oírlo tocar.

¡Quién sabe! Tal vez, de grande, Sole sea música y toque la flauta, como Javier.

O tal vez sea arquitecta. Sole quiere hacer casas tan lindas como las que ve de camino a la escuela.

Nombre ______________________

De camino a la escuela

Sole conoce bien las casas que hay de camino a la escuela. Todas las mañanas saluda a los mismos vecinos.

—Buen día, señora Gómez —dice Sole. La señora Gómez saluda desde la ventana.

Cruza la calle y pasa por la casa de la señora Fraga. La señora Fraga tiene un bebé. La señora Fraga saluda a Sole.

Antes, el bebé lloraba. Ahora, el bebé mira a Sole y sonríe.

Sole vive en una gran ciudad. El metro pasa cerca de su casa. En la entrada del metro, ve a muchas personas. Las personas tienen prisa. Van a trabajar.

Nombre________________________________

Lee estas preguntas. Marca la respuesta correcta.

1. ¿Dónde vive Sole?

- Sole vive en un pueblo pequeño.
- Sole vive en una gran ciudad.
- Sole vive en una isla.

2. ¿Qué pasa cerca de la casa de Sole?

- el metro
- el autobús
- el tren

3. ¿Dónde ve Sole muchas personas?

- en la puerta de su casa
- en la entrada del metro
- en la escuela

Nombre ______________________________

4. ¿Cómo son las casas que ve Sole de camino a la escuela?

- lindas
- grandes
- blancas

5. **Escribe** o dicta tres palabras que describan el lugar donde ocurre el cuento.

Nombre ______________________________

Dibuja el lugar en el que ocurre el cuento. Dicta una oración o frase sobre tu dibujo o escríbela en las líneas de abajo.

Nombre ______________________________

Rodea con un círculo la oración en la que se usa correctamente la palabra de vocabulario subrayada.

1. Mi papá trabaja en el metro.
   Mi papá enseña en el metro.

2. El bebé lloraba. Estaba contento.
   El bebé lloraba. Tenía hambre.

3. Javier es músico. Hace casas muy lindas.
   Javier es músico. Toca la flauta.

4. Mi cuarto tiene una ventana.
   Mi cama tiene una ventana.

5. Mis vecinos viven cerca de mi nido.
   Mis vecinos viven cerca de mi casa.

Tarjetas de palabras de vocabulario

casa	pan
rico	amasó

Al rato, los fideos estuvieron listos. Todos se sentaron a comer.

—Santino es tímido y no quiere contarles, pero hoy comeremos los fideos que él amasó —dijo la mamá.

—¡Con razón todo está tan rico! —dijo el papá.

Nombre ______________________

¡Todo es más rico en familia!

Por fin, llegó el domingo. Santino tenía una familia grande. Todos los domingos, toda la familia se reunía para almorzar en casa de Santino.

La mamá de Santino siempre amasaba los fideos y el pan de los domingos. Santino no sabía amasar fideos. Para él, amasar era un misterio.

—Mamá, quiero aprender a amasar fideos —le dijo a su mamá. Santino era un niño muy curioso. Siempre quería aprender cosas nuevas.

—Vamos —dijo la madre—. Hoy me ayudarás a amasar fideos.

Santino tomó un tazón. Primero, puso la harina. Luego, puso los huevos.

Después, miró a su mamá. La mamá de Santino movía las manos de una forma rara. Así se formaba la masa. Después, cortaron los fideos y los pusieron en agua caliente.

Nombre ______________________________

Lee estas preguntas. Marca la respuesta correcta.

1. ¿Dónde ocurre el cuento?
   - en la casa de los vecinos de Santino
   - en la casa de Santino
   - en la casa de los tíos de Santino

2. ¿Qué hacía la mamá de Santino todos los domingos?
   - Amasaba fideos y tartas.
   - Amasaba fideos y galletas.
   - Amasaba fideos y pan.

3. ¿Qué palabra describe mejor a Santino?
   - raro
   - curioso
   - divertido

Nombre ______________________

4. ¿Por qué Santino no quería decir que él había amasado los fideos?
   - ⬭ porque era tímido
   - ⬭ porque los fideos estaban feos
   - ⬭ porque estaba enojado

5. **Escribe** o dicta dos palabras que describan a Santino.

Nombre ______________________________

Dibuja el lugar en el que ocurre el cuento. Dicta una oración o frase sobre tu dibujo o escríbela en las líneas de abajo.

Nombre ______________________

Rodea con un círculo la palabra que completa mejor cada oración. Puedes usar una palabra más de una vez.

1. Voy a dormir a la __________ de mis abuelos.
   ventana calle casa

2. Papá __________ el pan. Mamá lo cocinó.
   prendió amasó trabajó

3. El chocolate es muy __________.
   rico curioso divertido

4. Saco el __________ del horno. ¡Ya está listo!
   fideos metro pan

5. Mi perro duerme en su __________ del patio.
   cocina casa pan

Tarjetas de palabras de vocabulario

patinar	casco
ramas	árbol

Pero Gastón no sabía doblar bien con los patines. Quiso hacer un giro y ¡pum! Se golpeó la cabeza contra un árbol.

"¡Tendría que haberle hecho caso a mi mamá!", pensó Gastón mientras volvía a casa con dolor de cabeza.

Nombre ______________________

Gastón, cabeza dura

Gastón y Pato eran amigos. A los dos les gustaba patinar sobre hielo. Era invierno. El lago del parque se congelaba. Así que Gastón y Pato fueron a patinar al lago.

—¿Por qué no hacen un muñeco de nieve? —preguntó la mamá de Gastón—. No tienen casco. No deben patinar sin casco.

Gastón no era muy obediente y no hizo caso. Tomó sus patines y salió con Pato.

Gastón y Pato caminaban por el vecindario. Los dos niños jugaban a tirar bolas de nieve a las ramas de los árboles. Era divertido ver cómo caía la nieve cuando se sacudían las ramas.

Por fin, llegaron al parque. Corrieron hasta el lago. Allí se pusieron los patines y empezaron a patinar.

—Te juego una carrera —dijo Gastón. Y patinó a toda velocidad.

Nombre ______________________________

Lee estas preguntas. Marca la respuesta correcta.

1. ¿En qué estación del año ocurre el cuento?
   - ⬭ otoño
   - ⬭ primavera
   - ⬭ invierno

2. ¿Por qué Gastón y Pato fueron a patinar?
   - ⬭ porque no había nieve
   - ⬭ porque el lago del parque se había congelado
   - ⬭ porque no tenían casco

3. ¿Cuál de estas oraciones describe mejor a Gastón?
   - ⬭ Gastón es muy obediente.
   - ⬭ Gastón siempre hace caso.
   - ⬭ Gastón no es muy obediente.

Nombre ______________________________

4. ¿Por qué Gastón tendría que haber escuchado a su mamá?

- porque no sabía doblar bien con los patines
- porque se golpeó la cabeza y no tenía casco
- porque Pato ganó la carrera

5. **Escribe** o dicta tres palabras que describan el lugar donde ocurre el cuento.

Nombre ______________________________

Dibuja a los personajes del cuento. Dicta una oración o frase sobre tu dibujo o escríbela en las líneas de abajo.

Nombre ______________________________

Rodea con un círculo la oración en la que se usa correctamente la palabra de vocabulario subrayada.

1. Yo ando en patines. Por eso, uso <u>casco</u>.
   Yo tengo frío. Por eso, uso <u>casco</u>.

2. El <u>árbol</u> da sol.
   El <u>árbol</u> da sombra.

3. En invierno, el lago se congela y podemos <u>patinar</u>.
   En verano, el lago no se congela y podemos <u>patinar</u>.

4. Las aves hacen su comida en las <u>ramas</u>.
   Las aves hacen su nido en las <u>ramas</u>.

5. Tengo una casa en el <u>árbol</u>.
   Tengo una cama en el <u>árbol</u>.

Unidad 2
Animales domésticos y silvestres

Tarjetas de palabras de vocabulario

solo	silla
triste	gato
abuelito	amigo

Hugo, el abuelo y Bicicleta fueron a la casa de Jaime. Hugo se sentó en una silla en el jardín. Tenía a Bicicleta en sus brazos. Entonces, otros veinte gatitos vinieron corriendo. Bicicleta jugó mucho con los otros gatitos. Hugo supo que éste sería el mejor hogar para Bicicleta.

Nombre ______________________________

Bicicleta

Todas las tardes, Hugo salía a pasear en bicicleta.

Una tarde, encontró un gatito. El gato tenía la patita lastimada. Hugo lo vio triste y solo. Por eso, decidió llevarlo a su casa.

Hugo vendó la patita del gato. Su abuelito lo ayudó. Lo acarició y le dio de comer. Le preparó una cama bien calentita. Usó una caja. También usó una manta. Después, le puso nombre al gatito: Bicicleta.

—¿Puedo quedarme con él? —preguntó Hugo a su abuelo.

—No, Hugo, pero tengo una idea —dijo el abuelo. Luego sonrió y dijo—: Mañana iremos los tres juntos a visitar a mi amigo Jaime.

Nombre ______________________________

Lee estas preguntas. Marca la respuesta correcta.

1. ¿Con qué palabras empieza el cuento?

- Había una vez...
- ...el mejor hogar para Bicicleta.
- Todas las tardes...

2. ¿Qué encontró Hugo?

- un gato
- un perro
- una silla

3. Hugo vendó la patita del gato. ¿Quién lo ayudó?

- Jaime
- nadie
- su abuelito

Nombre ______________________________

4. ¿Cómo termina el cuento?
- Hugo se queda con Bicicleta.
- Hugo lleva a Bicicleta a la casa de Jaime.
- Bicicleta se escapa.

5. **Escribe** o dicta en orden lo que pasa en el cuento.

Principio: ______________________________

Medio: ______________________________

Final: ______________________________

Nombre ______________________________

Dibuja lo que pasa al principio, en el medio y al final del cuento. Dicta una oración o frase sobre tus dibujos o escríbela en las líneas de abajo.

Nombre ______________________________

Rodea con un círculo la palabra que completa mejor cada oración.

1. Mi ____________ me cuenta cuentos.
   gato abuelito silla

2. Tengo un ____________ que se llama Martín.
   solo carro amigo

3. Estoy ____________. Por eso, lloro.
   triste feliz riendo

4. El ____________ cazó un ratón.
   solo gato hogar

5. Ana se sentó en una ____________.
   silla puerta patita

Tarjetas de palabras de vocabulario

plato	tazón
postre	carne

Al día siguiente, Romi y Viole se levantaron temprano. Romi tomó su bicicleta. Infló las gomas. Puso a Viole en un cesto. Se puso el casco. Salió a pasear.

¡Estaba feliz!

Nombre ____________________

El regalo de Navidad

Llegó Navidad. Romi se portó muy bien. Viole, su perrita, se portó muy bien. Las dos esperaban un lindo regalo.

Todos se sentaron a cenar. Romi y Viole estaban muy felices. Romi no probó el postre de chocolate. El postre quedó en el plato. Viole no probó la carne de su tazón. Las dos amigas solo querían abrir los regalos.

Romi abrió su regalo. Las dos saltaron de alegría. ¡Era una bicicleta! Ahora podían ir al parque. Podían ir a la casa de la abuela. Podían ir a cualquier parte.

Ya era muy tarde para salir a pasear. Romi y Viole se fueron a la cama. No durmieron. Se quedaron despiertas. Pensaban en todos los lugares nuevos que iban a conocer.

Nombre ______________________________

Lee estas preguntas. Marca la respuesta correcta.

1. ¿Con qué palabras empieza el cuento?
   - ...este cuento ha terminado.
   - Había una vez una Navidad...
   - Llegó Navidad...

2. Todos se sentaron a cenar. ¿Qué cosa no probó Romi?
   - el postre
   - la comida
   - la carne

3. ¿Qué regalo recibió Romi?
   - un perro
   - un tazón
   - una bicicleta

Nombre ______________________________

4. ¿Cómo termina el cuento?

- ⬭ Romi y Viole abren los regalos de Navidad.
- ⬭ Romi infla las ruedas de la bicicleta, sube a Viole al cesto y sale a pasear.
- ⬭ Viole no quiere comer la carne de su tazón.

5. **Escribe** o dicta qué pasó cuando Romi abrió su regalo.

Nombre ______________________________

Dibuja lo que pasa al principio, en el medio y al final del cuento. Dicta una oración o frase sobre tus dibujos o escríbela en las líneas de abajo.

Nombre ____________________

Rodea con un círculo la oración en la que se usa correctamente la palabra de vocabulario subrayada.

1. Mamá nos sirve la leche en el plato.
   Mamá nos sirve la comida en el plato.

2. Mi tía hizo un postre de chocolate.
   Mi hermano rompió un postre.

3. Comí un tazón muy rico.
   El gatito volcó el tazón lleno de leche.

4. Los leones comen carne.
   Las jirafas comen carne.

5. Hago la tarea en mi plato.
   Como toda la comida del plato.

Tarjetas de palabras de vocabulario

ciervo	bosques
ágil	huellas
cola	ocultarse

—¡Qué sorpresa, ciervo! —contestó el niño, con una sonrisa—. No sabía que los ciervos hablaban.

—Solo con los niños buenos —dijo el ciervo, y se fue a comer pasto con su familia.

Nombre ______________________

El escape del ciervo

Los niños aman a los ciervos. Los cazadores no aman a los ciervos. Todos sabemos esto.

Una vez, unos cazadores vieron las huellas de un ciervo. Después, vieron al ciervo. Empezaron a perseguirlo. El ciervo era muy ágil. No podían atraparlo.

Para ocultarse, el ciervo se metió entre los árboles. Los cazadores se fueron. El ciervo intentó salir. Pero quedó atrapado entre las ramas. No podía salir de allí.

Oyó pasos y se asustó. Vio que era un niño y sonrió.

El niño se acercó, tiró de la cola del ciervo y lo ayudó a salir.

—Muchas gracias, pequeño —dijo el ciervo—. ¡Los bosques deberían estar llenos de niños buenos como tú!

Nombre ______________________________

Lee estas preguntas. Marca la respuesta correcta.

1. ¿Quiénes aman a los ciervos?
   - ⬭ los niños
   - ⬭ los cazadores
   - ⬭ los niños y los cazadores

2. Los cazadores no pudieron atrapar al ciervo. ¿Por qué?
   - ⬭ porque apareció el niño
   - ⬭ porque el ciervo se ocultó entre los árboles
   - ⬭ porque el ciervo quedó atrapado entre las ramas

3. El ciervo vio al niño. ¿Por qué sonrió?
   - ⬭ porque estaba cansado
   - ⬭ porque conocía al niño
   - ⬭ porque sabía que el niño era bueno

Nombre ______________________________

4. ¿Cuál de estas opciones resume la idea principal del cuento?
   - ⬭ Los cazadores y los niños son amigos de los ciervos.
   - ⬭ Los niños son amigos de los ciervos.
   - ⬭ El ciervo tiene muchos amigos en el bosque.

5. **Escribe** o dicta las palabras más importantes del cuento.

Nombre ________________________________

Dibuja lo más importante que pasa en el cuento. Dicta una oración o frase sobre tu dibujo o escríbela en las líneas de abajo.

Nombre ______________________________

Rodea con un círculo la palabra que completa mejor cada oración.

1. El perro mueve la __________. Está contento.
   silla huella cola

2. En los __________, hay muchos animales y plantas.
   ciervo bosques metros

3. Luisa es muy __________. Corre, nada y da saltos.
   ocultarse triste ágil

4. Mi gato entró a casa con las patas sucias. Dejó sus __________ por todos lados.
   huellas carne cola

5. Un ciervo tiene miedo. Corre a __________.
   atascarse ocultarse comer

Tarjetas de palabras de vocabulario

perros	corren
olfato	oído
orejas	rescate

Mario y sus amigos dicen siempre lo mismo. Pelos es una radio. Pelos oye un gol. Los niños saben de dónde viene. Saben qué pasa en otro partido.

Mario y sus amigos quieren mucho a Pelos.

Nombre ______________________

Un perro llamado Pelos

Pelos es un perro especial. Primero, fue uno de los perros de rescate. Ahora, es el perro de Mario.

Pelos es un perro muy sabio. A veces, los niños corren. Se caen y se lastiman. Pelos sabe eso.

Pelos siempre está junto a Mario. Mario y sus amigos juegan a la pelota. Pelos cuida de Mario y sus amigos.

Pelos siempre ayuda a Mario. Pelos tiene un gran olfato. Encuentra las golosinas que Mario se olvida.

Pelos tiene buen oído. En el vecindario, los niños juegan un partido de fútbol. Pelos oye los goles.

Alguien grita: ¡GOL! Pelos levanta las orejas. Pelos mueve la cola. Levanta la pata. Marca un lugar. De allí viene el grito de gol.

Nombre ______________________________

Lee estas preguntas. Marca la respuesta correcta.

1. ¿Por qué Pelos es un perro especial?
   - ⬭ porque ahora es el perro de Mario
   - ⬭ porque antes era un perro de rescate
   - ⬭ porque antes era un perro de circo

2. Mario y sus amigos juegan al fútbol. ¿Por qué Pelos se queda con ellos?
   - ⬭ para encontrar las golosinas que pierde Mario
   - ⬭ para festejar los goles de Mario
   - ⬭ para cuidar a Mario y a sus amigos

3. Pelos tiene un gran olfato. ¿Para qué lo usa?
   - ⬭ para buscar los calcetines de Mario y sus amigos
   - ⬭ para saber de dónde viene el grito de gol
   - ⬭ para encontrar las golosinas que se olvida Mario

Nombre ______________________________

4. ¿Por qué Pelos es una radio?
- ⬭ Alguien grita: ¡GOL! Pelos marca de dónde viene. Los niños saben qué pasa en otro partido.
- ⬭ Alguien grita: ¡GOL! Pelos encuentra golosinas.
- ⬭ Alguien grita: ¡GOL! Pelos ayuda al niño que grita.

5. **Escribe** o dicta una oración que resuma qué pasa en el cuento.

Nombre ____________________

¿Qué aprendiste sobre los perros de rescate? **Dibuja** dos o tres cosas sobre Pelos. Dicta una oración o frase sobre tus dibujos o escríbela en las líneas de abajo.

Nombre ______________________________

Rodea con un círculo la oración en la que se usa correctamente la palabra de vocabulario subrayada.

1. Los conejos tienen <u>orejas</u> muy largas.
   Las <u>orejas</u> de las ranas son grandes.

2. Los <u>perros</u> de rescate hacen “miau”.
   Los <u>perros</u> de rescate hacen “guau”.

3. Tengo buen <u>olfato</u>. Oigo ruidos desde muy lejos.
   Tengo buen <u>olfato</u>. Puedo oler las flores desde muy lejos.

4. Los gatos tienen buen <u>oído.</u>
   María abrió un <u>oído</u>. Vio mejor.

5. Los niños <u>corren</u> carreras en la cama.
   Los niños <u>corren</u> en el patio de la escuela.

Unidad 3
Comunidades

Tarjetas de palabras de vocabulario

campamento	empacar
sombrero	libro

Nombre ____________________

Lejos, pero cerca

Mi tío Ramón vive lejos. Pero todos los años, Ramón invita a la familia.

Una vez fuimos a pescar. Otra vez fuimos de campamento.

Este año, el tío Ramón nos llamó por teléfono y nos dijo:

—¿Quieren venir a una isla? Viene toda la familia.

—Tío, ¿para qué es el sombrero? —pregunté.

—El sombrero nos une. Toda la familia usa el mismo sombrero.

—¿Y el libro?

—El libro también nos une. Aquí leeremos cuentos todos juntos, en familia. De vuelta en casa, pensaremos en los cuentos. Y todos nos sentiremos más cerca.

—¿Qué tenemos que empacar? —preguntó mi papá.

—Un sombrero y un libro.

¿Un sombrero y un libro? ¿Para ir a una isla? Primero, mi papá no

entendió. Pero después, le preguntó al tío y entendió todo. Por último, empacó un sombrero y un libro. Nosotros empacamos lo mismo.

Cuando llegamos a la isla, estaba toda la familia. Todos usaban el mismo sombrero.

Nombre ______________________________

Lee estas preguntas. Marca la respuesta correcta.

1. ¿Adónde fue una vez la familia del tío Ramón?
   - a un mercado
   - a la casa de tía Ale
   - a pescar

2. ¿Adónde van a ir este año?
   - a una isla
   - a un campamento
   - a un picnic

3. El papá entendió para qué eran el sombrero y el libro. ¿Qué hizo por último?
   - fue a pescar
   - empacó un sombrero y un libro
   - le preguntó al tío Ramón

Nombre ______________________________

4. ¿Qué hicieron con los libros en la isla?

- los guardaron en una bolsa
- miraron los dibujos
- leyeron cuentos todos juntos

5. **Escribe** o dicta qué pasó después de que el tío Ramón invitara a toda la familia a una isla.

Nombre ______________________________

Dibuja lo que pasó después de que llegaron a la isla. Dicta una oración o frase sobre tu dibujo o escríbela en las líneas de abajo.

Nombre ______________________________

Rodea con un círculo la palabra que completa mejor cada oración.

1. Andrea me regaló un __________.
   tío libro primero

2. Fuimos de __________ con el maestro.
   campamento sombrero isla

3. Mi papá usa un __________.
   primero tío sombrero

4. Nos vamos de viaje. Tenemos que __________.
   llorar leer empacar

5. Nuestro __________ estaba al lado de una laguna.
   libro campamento primero

happy

Tarjetas de palabras de vocabulario

yeso	chistes
tarjeta	escribir

O puedes escribir algo más gracioso:

"Yo soy tu nuevo amigo. Me gusta el queso. Perdí algo de peso. Y me rompí un hueso. Pero no tengo yeso".

El niño se sentirá entre amigos. Ya no será el niño nuevo. Ahora será tu amigo.

Nombre ____________________

El primer día de escuela

Siempre hay niños nuevos en la escuela. No es fácil ir a una escuela nueva. No conoces a nadie. Tampoco conoces la escuela. ¿Cómo puedes ayudar tú a un niño nuevo?

Primero, acércate al niño nuevo. Enseguida, dile tu nombre. Después, pregúntale el suyo. ¡Listo! El niño ya conoce a alguien. ¡Es fácil! Puedes escribir su nombre. Así, no lo olvidarás.

También, puedes contarle unos chistes. Así, le gustará estar contigo.

Luego, lleva al niño nuevo con tus amigos. Tú tienes muchos amigos. Pero él no tiene ninguno. Así, pueden jugar todos juntos.

Puedes escribir una tarjeta para el niño nuevo. O escribe una nota. Puedes escribir algo así:

"Bienvenido a la escuela".

Nombre ______________________________

Lee estas preguntas. Marca la respuesta correcta.

1. ¿Cómo puedes ayudar a un niño nuevo en la escuela?
   - haciendo la tarea por él
   - saludándolo desde lejos
   - acercándote a él

2. ¿Qué puedes hacer después de decirle tu nombre?
   - preguntarle su nombre
   - preguntarle su edad
   - preguntarle dónde vive

3. Ya conoces al niño nuevo. El niño nuevo te conoce a ti. ¿Con quién puedes llevarlo ahora?
   - con la maestra
   - con tu mamá
   - con tus amigos

Nombre ______________________________

4. ¿Qué más puedes hacer por el niño nuevo?

- ⬭ esconderte
- ⬭ escribirle una tarjeta
- ⬭ regalarle tu mascota

5. **Escribe** o dicta qué puede pasar después de que te presentas a un niño nuevo de la escuela.

Nombre ______________________

Dibuja lo que pasa después de que el niño nuevo lee la tarjeta. Dicta una oración o frase sobre tu dibujo o escríbela en las líneas de abajo.

Nombre ______________________________

Rodea con un círculo la palabra que completa mejor cada oración.

1. ¡Ya aprendí a __________ mi nombre!
   escribir olvidar chistes

2. Pablo se rompió un brazo. Le pusieron un __________.
   día escribir yeso

3. Los __________ de Manuel son muy graciosos.
   mientras chistes yeso

4. Voy a __________ una carta a Julia.
   tarjeta conocer escribir

5. Mi abuela me dio una __________ de cumpleaños.
   escuela tarjeta escribir

Tarjetas de palabras de vocabulario

plantas	animales
personas	alimentarse

En el fondo del mar, hay pocos animales. Es que los animales suben a su propia cocina. Al igual que en casa, arriba hay luz y cositas ricas para comer.

Nombre ______________________________

Los pisos del mar

Muchas casas tienen dos pisos. Cuando entras, ves la sala. También ves la cocina. Cuando bajas, está el sótano. En el sótano, hay cajas, ropa para lavar y otras cosas.

¿Sabías que el mar se parece a una casa? Sí, también tiene pisos. Está la parte de arriba. También está la parte de abajo.

Cuando vas a la playa, ves la parte de arriba. La luz del sol llega hasta este lugar. Por eso, hay muchos peces y plantas. A los peces les gusta alimentarse de las plantas.

Pero el mar tiene un piso más abajo. Pocas personas lo conocen. Es diferente de la parte de arriba. Aquí no llega la luz del sol. Está muy oscuro y hace más frío.

Nombre ________________________________

Lee estas preguntas. Marca la respuesta correcta.

1. El mar se parece a una casa. ¿Por qué?
   - ⬭ porque es oscuro
   - ⬭ porque tiene pisos
   - ⬭ porque no hay una cocina

2. ¿Qué les gusta comer a los peces?
   - ⬭ personas
   - ⬭ arroz
   - ⬭ plantas

3. ¿Cómo es el fondo del mar?
   - ⬭ Hay luz.
   - ⬭ Es oscuro y frío.
   - ⬭ Hay cositas ricas para comer.

Nombre ______________________________

4. La parte de arriba del mar se parece a una cocina. ¿Por qué?

- Hay luz y cositas ricas para comer.
- Hay cajas y otras cosas.
- Hay pocos animales.

5. **Escribe** o dicta en qué son diferentes la parte de arriba del mar y la parte de abajo del mar.

Nombre ______________________________

Dibuja en qué se parecen una casa y el mar. Dicta una oración o frase sobre tu dibujo o escríbela en las líneas de abajo.

Nombre ______________________

Rodea con un círculo la oración en la que se usa correctamente la palabra de vocabulario subrayada.

1. En primavera, las plantas se llenan de flores.
   En primavera, las plantas duermen la siesta.

2. A los peces les gusta alimentarse de las playas.
   A los peces les gusta alimentarse de las plantas.

3. Muy pocos animales viven en el fondo del mar.
   Muy pocos animales manejan un carro.

4. Las personas viven en casas.
   Las personas viven en sótanos.

5. Mi jardín es muy verde. Hay muchas plantas y flores.
   Mi jardín está seco. Hay muchas plantas y flores.

Tarjetas de palabras de vocabulario

bichito	señales
luciérnagas	apaga

Con su lucecita, mandó señales. Llamó a los bichitos de luz machos. Ellos vinieron volando y salvaron a Rosa.

Ana ya no estaba triste. Su luz era importante. Era tan importante como tener alas.

Nombre ____________________

Ana, la luciérnaga

Ana era una luciérnaga negra. Las luciérnagas son bichitos de luz. Pero Ana era un bichito de luz muy oscuro. A veces, si no prendía su luz, no se veía por dónde andaba.

De noche, Ana visitaba a Rosa. Rosa era una mariposa blanca. Además, tenía alas de colores. Rosa volaba.

Ana no tenía alas. Solo los bichitos de luz machos tienen alas. Ana no podía volar. Eso la ponía triste.

Un día, Ana salió a buscar comida. De repente, vio a Rosa, la mariposa. Rosa estaba en problemas. No podía bajar de un árbol.

Ana se hizo la distraída. Casi apaga su luz y sigue su camino. Pero Rosa gritaba: "¡Ayuda! ¡Ayuda!". Ana no podía volar hasta Rosa. Pero tuvo una idea.

Nombre ______________________________

Lee estas preguntas. Marca la respuesta correcta.

1. ¿Qué son las luciérnagas?
   - ⬭ aves
   - ⬭ bichitos de luz
   - ⬭ plantas

2. La mariposa podía hacer una cosa. La luciérnaga, no. ¿Qué cosa es ésa?
   - ⬭ salir de noche
   - ⬭ tener luz propia
   - ⬭ volar

3. Los bichitos de luz machos tienen una cosa que Ana no tiene. ¿Qué cosa es ésa?
   - ⬭ luz
   - ⬭ alas
   - ⬭ muchos colores

Nombre ______________________________

4. Rosa, la mariposa, estaba en problemas. ¿Cómo la ayudó Ana, la luciérnaga?

- Llamó a los bichitos de luz machos.
- Siguió su camino.
- Gritó muy fuerte: "¡Ayuda! ¡Ayuda!".

5. **Escribe** o dicta qué bichitos tienen alas.

Nombre ______________________________

Dibuja a Ana y Rosa. Dicta una oración o frase sobre las diferencias entre Ana y Rosa o escríbela en las líneas de abajo.

Nombre ______________________________

Rodea con un círculo la oración en la que se usa correctamente la palabra de vocabulario subrayada.

1. Muchos bichitos mandan <u>señales</u>.
   Muchos bichitos mandan <u>señales</u> por correo.

2. La luciérnaga es un <u>bichito</u> de luz.
   La mariposa es un <u>bichito</u> de luz.

3. El fuego <u>apaga</u> al agua.
   El agua <u>apaga</u> al fuego.

4. Las <u>luciérnagas</u> hembra, como Ana, no pueden volar.
   Las <u>luciérnagas</u> hembra, como Ana, no tienen luz.

5. La mariposa <u>apaga</u> su luz.
   La luciérnaga <u>apaga</u> su luz.

Unidad 4
Cambios

50
60
70
80

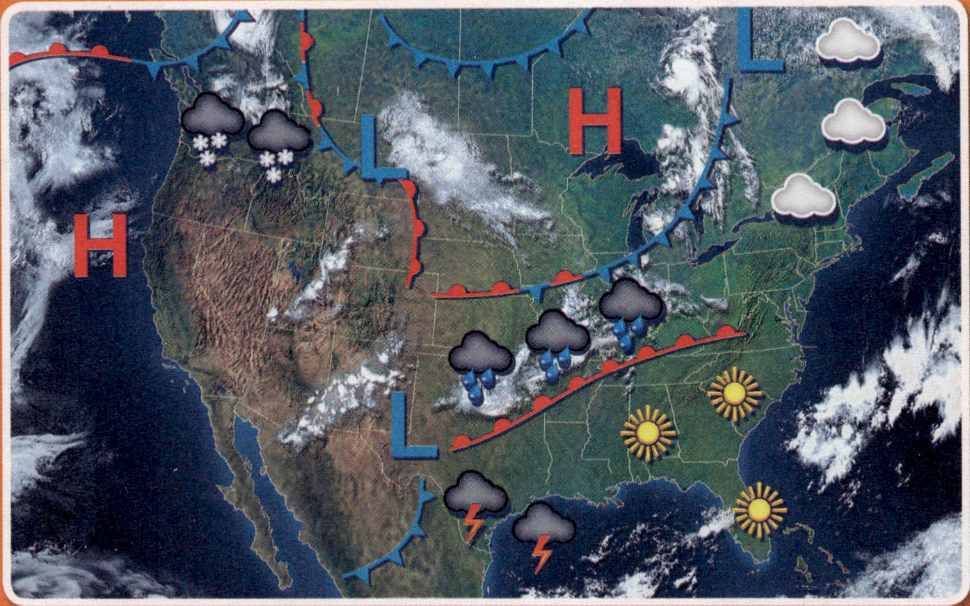
H
L
H
L
L
H
L

Tarjetas de palabras de vocabulario

clima	lluvioso
temperatura	soleado

Los padres de Raúl siempre le preguntaban cómo iba a estar el cielo al otro día. Raúl era muy inteligente y, de tanto mirar el cielo, sabía muchas cosas del clima.

Nombre ______________________

El niño del clima

Raúl era un niño muy curioso. Todo le parecía interesante. Pero lo que más le interesaba era el clima.

Siempre quería mirar el cielo. Todos los días, se asomaba por la ventana de su casa para observarlo.

Raúl anotaba en un cuaderno sus observaciones. Era muy prolijo. Cuando el día estaba lluvioso, dibujaba nubes grises y gotas de lluvia. Cuando el día estaba soleado, dibujaba un sol amarillo. También anotaba la temperatura. Su hermana mayor lo ayudaba.

Raúl observaba los cambios del clima. Miraba el cielo azul. Estudiaba la forma de las nubes cuando el día estaba nublado. Cuando había una tormenta fuerte, se quedaba en casa para mirar los rayos y escuchar los truenos desde dentro.

Nombre ______________________________

Lee estas preguntas. Marca la respuesta correcta.

1. ¿Cómo era Raúl?
   - ⬭ Raúl era alto.
   - ⬭ Raúl era curioso.
   - ⬭ Raúl era pequeño.

2. ¿Por qué siempre miraba el cielo?
   - ⬭ porque le interesaba el clima
   - ⬭ porque le gustaban las aves
   - ⬭ porque le gustaban las nubes

3. Raúl estudiaba el clima. ¿Quién lo ayudaba?
   - ⬭ sus padres
   - ⬭ su maestro
   - ⬭ su hermana mayor

Nombre ______________________________

4. Raúl sabía muchas cosas sobre el clima. ¿Cómo las aprendió?
- de tanto mirar el agua
- de tanto mirar el cielo
- de tanto dibujar

5. **Escribe** o dicta dos palabras que describan a Raúl.

Nombre ______________________________

Dibuja al personaje más importante del cuento. Dicta una oración o frase sobre tu dibujo o escríbela en las líneas de abajo.

Nombre ____________________________

Rodea con un círculo la palabra que completa mejor cada oración. Puedes usar una palabra más de una vez.

1. Los niños se pusieron abrigos. La __________ era muy baja.

   lluvia   temperatura   nube

2. Si mañana está __________, haremos un picnic en el campo.

   soleado   lluvioso   nublado

3. El __________ en el Polo Norte es muy frío.

   clima   rayo   sol

4. Me gusta dibujar en un día gris y __________.

   trueno   cielo   lluvioso

5. El día de mi cumpleaños estuvo __________. Pudimos jugar en el parque.

   soleado   nublado   tormenta

Tarjetas de palabras de vocabulario

nieve	madre
estación	sembrar
verduras	flores

—Al menos ahora no tenemos que comprar verduras —dijo su madre, riendo.

Nombre ______________________

Un jardín en maceta

Camila amaba el verde de las plantas y los colores brillantes de las flores. Pero vivía en un apartamento pequeño. No tenía jardín. Para ver plantas y flores, Camila iba al parque.

Pero era invierno. Había nieve y hacía mucho frío. Camila no podía ir al parque. Su madre le dijo que, si quería ver flores, podía sembrar flores en macetas.

Camila se abrigó y fue a la tienda. Compró macetas y tierra y tomó las primeras semillas que vio.

Camila pasó toda la tarde llenando macetas con tierra. Puso las semillas con cuidado y las regó.

Camila miraba nevar por la ventana y se imaginaba flores coloridas. "¡Qué lindo será mi jardín!", pensó.

Por fin llegó la estación tan esperada: la primavera. Camila miró sus macetas, pero no vio flores. ¡Qué desilusión! ¡Había plantado las semillas equivocadas! En su lugar, había verduras de todo tipo.

Nombre ______________________________

Lee estas preguntas. Marca la respuesta correcta.

1. ¿Dónde vivía Camila?
   - ⬭ en un apartamento grande
   - ⬭ en un apartamento pequeño
   - ⬭ en el parque

2. ¿Por qué iba Camila al parque?
   - ⬭ porque quería ver animales
   - ⬭ porque quería jugar con amigas
   - ⬭ porque quería ver flores

3. ¿Cómo era el clima en invierno?
   - ⬭ El clima era frío. Había nieve.
   - ⬭ El clima era lluvioso.
   - ⬭ El clima era caluroso.

Nombre ______________________

4. ¿Qué hizo Camila con las semillas?
- ⬭ Camila las sembró en el parque.
- ⬭ Camila las sembró en macetas.
- ⬭ Camila comió verduras.

5. **Escribe** o dicta en qué estaciones del año ocurre el cuento.

Nombre ________________________________

Dibuja el lugar en el que ocurre el cuento. Dicta una oración o frase sobre tu dibujo o escríbela en las líneas de abajo.

Nombre________________________

Rodea con un círculo la oración en la que se usa correctamente la palabra de vocabulario subrayada.

1. Camila es una estación.
   Mi estación favorita es la primavera.

2. Las flores son muy coloridas.
   Las flores son verdes.

3. Camila vive con su madre.
   Camila sembró a su madre.

4. Las verduras son mis juguetes favoritos.
   Las verduras son mi comida favorita.

5. Quiero sembrar juguetes.
   Quiero sembrar flores.

Hoy es
15
Martes
Marzo

2010 ENERO 2010
D L M M J V S
1 2
3 4 5 6 7 8 9
10 11 12 13 14 15 16
17 18 19 20 21 22 23
24 25 26 27 28 29 30
31

Tarjetas de palabras de vocabulario

huevos	días
bebé	meses
grandes	distinto

Cuando volvió a la granja dos meses después, todo era distinto: los patitos eran grandes, y ella ya no podía jugar con ellos. Pero nunca se olvidaría de los patitos bebé.

Nombre ______________________

¡Los patitos crecen!

La familia de Regina tenía una granja en el campo. En la granja había animales y mucho lugar para jugar. Regina no podía ir todos los días a la granja porque vivía en la ciudad.

Hacía varios meses que no iban a la granja. Pero un día su familia preparó todo para una visita al campo. Regina no dejaba de sonreír.

Regina era amiga de todos los animales, pero sus preferidos eran los patos.

Imaginen su sorpresa cuando vio que las patas habían puesto huevos y que los huevos se estaban abriendo.

Regina no lo podía creer. ¡Estaban naciendo patitos bebé!

Regina tenía que jugar con los patitos en ese momento. Después los patitos crecerían y ya no podría hacerlo. “¡Voy a jugar con ellos todo lo que pueda!”, pensó.

Nombre ______________________________

Lee estas preguntas. Marca la respuesta correcta.

1. ¿Dónde vive Regina?
   - en la granja
   - en una playa
   - en la ciudad

2. Regina llegó a la granja. ¿Qué vio allí?
   - Regina vio a sus padres en la granja.
   - Regina vio los caballos.
   - Regina vio que las patas habían puesto huevos.

3. Dos meses después, Regina regresó a la granja. ¿Cómo estaban los patitos?
   - Los patitos eran todavía muy pequeños.
   - Los patitos ya eran grandes. Regina no pudo jugar con ellos.
   - Los patitos ya no estaban.

Nombre ______________________

4. ¿Por qué Regina nunca olvidaría a los patitos?
- porque jugó con ellos cuando eran bebés
- porque no los vería más
- porque tenía fotografías de ellos

5. **Escribe** o dicta con qué palabras empieza el cuento.

Nombre ____________________

Dibuja lo que pasa al principio, en el medio y al final del cuento. Dicta una oración o frase sobre tus dibujos o escríbela en las líneas de abajo.

Nombre ______________________________

Rodea con un círculo la palabra que completa mejor cada oración.

1. Las patas habían puesto __________.
   meses bebés huevos

2. Regina no podía ir todos los __________ a la granja.
   grandes días primaveras

3. Enero y febrero son los primeros __________ del año.
   meses bebés huevos

4. Los elefantes son animales muy __________.
   campos grandes patos

5. El patito feo era __________: era gris y grande.
   distinto bebé animal

Ac#E

STEREO

Tarjetas de palabras de vocabulario

música	cantando
escuchar	notas
discos	canciones

Los coros se reúnen a menudo en un lugar para ensayar. Durante los ensayos, se preparan para cantar frente al público. Algunos coros son tan buenos que incluso ¡graban discos con sus canciones!

Nombre ______________________

La música de la voz

¿Les gusta escuchar música? ¿Les gusta cantar? Muchas personas que disfrutan con la música y el canto participan en un coro.

Un coro es un grupo de personas que cantan. Muchas escuelas y comunidades tienen su propio coro.

Todos pueden participar: hay coros para niños, para jóvenes y para adultos. Además, hay coros de todo tipo de música: desde música clásica hasta música popular.

Los coros tienen un director. El director es la persona que organiza a los participantes del coro cuando están cantando.

En un coro, se aprende mucho sobre la voz y el canto. Las personas aprenden a ser afinadas y a cantar con claridad y buen volumen. También se aprenden las notas musicales.

Nombre ____________________

Lee estas preguntas. Marca la respuesta correcta.

1. ¿Qué es un coro?
   - ⬭ un grupo de música clásica
   - ⬭ un grupo de personas que cantan
   - ⬭ un grupo de personas que escuchan música

2. ¿Qué hace el director de un coro?
   - ⬭ Canta en voz muy alta.
   - ⬭ Graba discos.
   - ⬭ Organiza a las personas que cantan.

3. ¿Qué aprenden las personas en un coro?
   - ⬭ Aprenden a escuchar música.
   - ⬭ Aprenden los números.
   - ⬭ Aprenden a cantar bien.

Nombre ______________________

4. ¿Por qué algunos coros graban discos?

- porque son muy buenos
- porque saben las notas musicales
- porque el director lo ordena

5. **Escribe** o dicta las palabras más importantes del cuento.

Nombre ______________________________

Dibuja uno de los detalles del cuento. Dicta una oración o frase sobre tu dibujo o escríbela en las líneas de abajo.

Nombre ______________________________

Rodea con un círculo la oración en la que se usa correctamente la palabra de vocabulario subrayada.

1. La música sonaba fuerte en la fiesta.
   Me gusta ver la música.

2. Los jueves tomo canciones de piano.
   La maestra inventó canciones sobre animales. Las cantamos en clase.

3. Nati comió discos en el desayuno.
   Pablo tiene todos los discos de ese grupo musical.

4. Sara siempre está cantando. Tiene una hermosa voz.
   Mi tortuga está cantando. Se siente feliz.

5. Me gusta escuchar la mesa.
   Me gusta escuchar la radio.

Unidad 5
Tesoros

Tarjetas de palabras de vocabulario

primavera	verano
otoño	invierno

Por último, llega el invierno. En invierno, hace mucho, mucho frío y hay que abrigarse mucho. Cae nieve. El mapa de Leandro se pone todo blanco.

Pero Leandro no se preocupa. Sabe que pronto todo volverá a florecer.

Nombre ____________________

Las cuatro estaciones

Leandro trabaja en la televisión. Todos los días, muestra cómo va a estar el clima. Para eso, usa un mapa muy especial.

Leandro sabe que el clima cambia con las estaciones del año. Su mapa también cambia.

Cuando el frío se va, llega la primavera. Hace calorcito, las flores crecen y los pajaritos cantan. En primavera, el mapa de Leandro es muy alegre.

Después, llega el verano. En verano, hace mucho calor y los grillos cantan toda la noche. El mapa de Leandro se llena de soles. Leandro sonríe.

En septiembre, llega el otoño. En otoño, llueve y las hojas caen de los árboles. El mapa de Leandro se pone marrón y verde oscuro.

Nombre ______________________________

Lee estas preguntas. Marca la respuesta correcta.

1. ¿Dónde trabaja Leandro?
   - ⬭ en la televisión
   - ⬭ en el parque
   - ⬭ en la escuela

2. ¿Qué pasa cuando se va el frío?
   - ⬭ Llega el otoño.
   - ⬭ Llega la primavera.
   - ⬭ Llega el invierno.

3. ¿Qué estación llega después del verano?
   - ⬭ la primavera
   - ⬭ el invierno
   - ⬭ el otoño

Nombre ______________________________

4. ¿Qué pasa en invierno?
- ⬭ Hace calor.
- ⬭ Hace frío.
- ⬭ Las flores florecen.

5. **Escribe** o dicta qué pasa cuando llega la primavera.

Nombre ______________________________

Dibuja lo que pasa desde que llega el invierno hasta que llega la primavera. Dicta una oración o frase sobre tu dibujo o escríbela en las líneas de abajo.

Nombre ______________________________

Rodea con un círculo la palabra que completa mejor cada oración.

1. En el ____________ hace mucho frío y nieva.
   verano   mapa   invierno

2. Mi estación favorita es el ____________.
   calorcito   otoño   clima

3. La ____________ llega después del invierno.
   primavera   televisión   verano

4. En ____________ siempre vamos a la playa.
   grillo   verano   frío

5. Las hojas de los árboles caen en ____________.
   mapa   verano   otoño

Tarjetas de palabras de vocabulario

hermanas	varón
mayor	chiquito

Mariela inventó el cartel, Joaquín hizo los dibujos, Susana escribió las frases cariñosas y Juana ordenó todo, por supuesto.

En una tarde, terminaron el cartel. Los cuatro hermanos aprendieron lo bueno que es el trabajo en equipo y mamá se puso muy feliz.

Nombre ______________________

Un equipo de hermanos

Susana es la mayor de tres hermanas. También tiene un hermano varón.

Juana, la hermana del medio, es muy diferente de Susana. Es muy ordenada y un poco mandona. Ella siempre dice lo que hay que hacer.

Mariela, la menor, siempre tiene grandes ideas. Pero, en vez de ser ordenada como Juana, deja todo tirado en cualquier parte.

Joaquín, el más chiquito, es muy bueno haciendo cosas con las manos. Sabe dibujar, pintar y hacer lindos moños. Susana, en cambio, escribe cosas muy lindas, pero no sabe dibujar.

Cuando llegó el día de la madre, Mariela tuvo una idea. Los cuatro hermanos iban a trabajar en equipo.

Entre todos, iban a hacer un lindo cartel para mamá.

Nombre ______________________________

Lee estas preguntas. Marca la respuesta correcta.

1. Juana y Mariela son distintas. ¿En qué cosa son distintas?
   - ⬭ Juana es ordenada y Mariela no.
   - ⬭ Mariela es ordenada y Juana no.
   - ⬭ Mariela es buena y Juana no.

2. Joaquín y Susana son distintos. ¿En qué cosa son distintos?
   - ⬭ Joaquín dibuja y Susana pinta.
   - ⬭ Susana dibuja y Joaquín escribe.
   - ⬭ Joaquín dibuja y Susana escribe.

3. ¿Qué idea tuvo Mariela?
   - ⬭ Los hermanos trabajarían en equipo para ganar un premio.
   - ⬭ Los hermanos trabajarían cada uno por su lado.
   - ⬭ Los hermanos trabajarían en equipo para hacer un regalo a su mamá.

Nombre ______________________

4. ¿Qué regalo hacen los hermanos a su mamá?
- un cartel
- un bolso
- un poema

5. **Escribe** o dicta qué hermanos hacen cosas con las manos.

Nombre ______________________________

Dibuja lo que los cuatro hermanos hacen juntos. Dicta una oración o frase sobre tu dibujo o escríbela en las líneas de abajo.

Nombre ______________________________

Rodea con un círculo la oración en la que se usa correctamente la palabra de vocabulario subrayada.

1. Mariela y Juana son hermanas.
   Joaquín y Juana son hermanas.

2. Joaquín es el hermano varón.
   Mariela es la hermana varón.

3. Mi hermano mayor nació ayer.
   Mi hermana mayor me ayuda con la tarea.

4. El bebé es muy chiquito. Sabe subir la escalera.
   El bebé es muy chiquito. No puede subir la escalera.

5. Mi papá es mayor que mi mamá.
   Mi hermana es mayor que mi papá.

CAMINITO

Tarjetas de palabras de vocabulario

contaba	viajes
visite	postales
noticias	maleta

—Hola, familia. Estoy bien. Me quedé sin papel. Prometo escribir desde el próximo lugar que visite.

Desde entonces, Pirata es la mascota de la familia. ¡Y Armando siempre lleva dos cuadernos en la maleta!

Nombre ______________________

Armando y Pirata

Armando es un viajero muy curioso. A Armando le encanta viajar. Pero también le gusta escribir. Por eso, en todos sus viajes, siempre lleva dos cuadernos dentro de la maleta.

¿Por qué lleva dos cuadernos? Es una historia muy interesante.

Armando hacía un viaje y le contaba todas sus aventuras a su familia. Siempre les enviaba noticias suyas. También enviaba postales y recuerdos.

Pero una vez, Armando se quedó sin papel y no pudo escribirle a su

familia. Estaba en la selva. Y en la selva, no había postales. Pero se le ocurrió una idea.

A los pocos días, la familia de Armando recibió una jaulita. Adentro, había un loro llamado Pirata. Pirata traía un mensaje para ellos:

Nombre ______________________________

Lee estas preguntas. Marca la respuesta correcta.

1. ¿Qué le encantaba hacer a Armando?
   - ⬭ comer
   - ⬭ dibujar
   - ⬭ viajar

2. Cada vez que viajaba, Armando escribía cartas a su familia. ¿En qué las escribía?
   - ⬭ en maletas
   - ⬭ en animales
   - ⬭ en postales

3. En la selva, Armando no podía escribir cartas. ¿Por qué?
   - ⬭ porque se quedó sin papel y sin postales
   - ⬭ porque tenía calor
   - ⬭ porque estaba muy cansado

Nombre ______________________________

4. ¿Quién era Pirata?

- un loro
- una postal
- un marinero

5. **Escribe** o dicta quiénes son los personajes del cuento.

Nombre ______________________________

Dibuja a los personajes del cuento. Dicta una oración o frase sobre tu dibujo o escríbela en las líneas de abajo.

Nombre ____________________________

Rodea con un círculo la palabra que completa mejor cada oración.

1. Mi abuela siempre me __________ cuentos antes de dormir.
   escribía contaba cantaba

2. En sus __________, Simbad vivió muchas aventuras.
   maletas viajes noticias

3. Mi hermana envió muchas __________ durante su viaje por Europa.
   mascotas postales cuadernos

4. Mi padre siempre lee las __________ del periódico antes de salir por la mañana.
   aventuras jaulas noticias

5. Mi __________ era tan pesada que no podía cargarla.
   cuaderno postal maleta

Tarjetas de palabras de vocabulario

desierto	cacto
liebre	colibrí
calor	refresca

—Pero mi animal preferido del desierto —dijo el abuelo— es el colibrí. Y mi momento preferido, la noche estrellada. ¡No hay nada como una noche llena de estrellas en el desierto! —dijo, ya más animado.

Nombre ____________________

Vivir en el desierto

El abuelo de Adrián vivía en el desierto. Pero se había mudado a la gran ciudad. Como estaba triste, Adrián quiso alegrarlo. Por eso, le preguntó por el desierto.

—Vivir en el desierto es muy distinto de vivir en la ciudad —dijo el abuelo.

—En el desierto, hace mucho calor. A la noche, refresca. Por eso, siempre debes tener un abrigo.

—En el desierto, es muy difícil conseguir agua. No hay un grifo, como en la ciudad. Por suerte, está el agua de los cactos. Un cacto es una planta con púas. Parece gordita, pero solo está llena de agua.

En el desierto, viven muchos animales, como la liebre, que corre muy rápido. En la ciudad, las personas corren muy rápido, como las liebres. Siempre viven con prisa.

Nombre ______________________________

Lee estas preguntas. Marca la respuesta correcta.

1. ¿Dónde vivía antes el abuelo de Adrián?
   - ⬭ en un pueblo pequeño
   - ⬭ en el desierto
   - ⬭ en la gran ciudad

2. ¿Por qué está triste el abuelo?
   - ⬭ porque ya no ve al colibrí
   - ⬭ porque ya no toma agua de cacto
   - ⬭ porque se mudó a la gran ciudad

3. ¿Dónde hay agua en el desierto?
   - ⬭ en los pozos
   - ⬭ en los cactos
   - ⬭ en el grifo de la cocina

Nombre ______________________

4. ¿Dónde viven la liebre y el colibrí?

- en el desierto
- en el mar
- en el zoológico

5. **Escribe** o dicta tres palabras que describan el desierto.

Nombre ______________________________

Dibuja el lugar en el que ocurre el cuento. Dicta una oración o frase sobre tu dibujo o escríbela en las líneas de abajo.

Nombre ______________________

Rodea con un círculo la oración en la que se usa correctamente la palabra de vocabulario subrayada.

1. La liebre corre muy rápido.
   La liebre vuela alto.

2. Cuando refresca, nos sacamos los abrigos.
   En el desierto, refresca de noche.

3. El cacto está lleno de agua.
   Un cacto necesita mucha agua.

4. El colibrí es un pájaro muy grande.
   El colibrí es muy pequeño.

5. En el desierto, no hay grifos.
   En el desierto, llueve mucho.

Unidad 6
Buenas ideas

Tarjetas de palabras de vocabulario

parque	pelota
loma	verde
billete	caja

Desde ese día, Pope nunca dejó de jugar al tenis. Llevaba la pelota y la raqueta a todas partes. Su idea salvó al club.

Nombre ____________________

¡Gracias, Pope!

Pope jugaba al tenis. ¡Era muy buena! Todos los días, iba al club del parque. El club se veía desde lejos. Estaba sobre una loma. Era un club pequeño. Pero para Pope, era un club grande.

Un día, Pope llegó al club. En la puerta, había un cartel verde:

"Amigos del club: Tenemos malas noticias. El club debe cerrar".

¿El club debía cerrar? ¿Por qué? Es que había poco dinero.

Pope no tenía ni un billete. Luego, Pope pensó, pensó y pensó. "¡Tiene que haber una salida!".

Después de pensar mucho, dijo:

—¡Ya sé! Hagamos juegos de tenis. Las personas pagarán para ver los juegos. Así, tendremos dinero.

Al final, la idea de Pope fue muy buena. El club recibió una caja llena de billetes.

Nombre ______________________________

Lee estas preguntas. Marca la respuesta correcta.

1. ¿Con qué palabras empieza el cuento?
   - ⬭ Pope nunca dejó de jugar.
   - ⬭ La caja se llenó de billetes.
   - ⬭ Pope jugaba al tenis.

2. ¿Qué decía el cartel verde?
   - ⬭ El club debe cerrar.
   - ⬭ Hoy juega Pope.
   - ⬭ No quedan más raquetas.

3. ¿Qué idea tuvo Pope para salvar al club?
   - ⬭ pedir dinero a los padres
   - ⬭ organizar juegos de tenis y vender las entradas
   - ⬭ hablar con un amigo

Nombre ______________________________

4. ¿Con qué palabras termina el cuento?
- Hagamos juegos de tenis.
- Tiene que haber una salida.
- Su idea salvó al club.

5. **Escribe** o dicta en orden lo que pasa en el cuento.

Principio: ______________________________

Medio: ______________________________

Final: ______________________________

Nombre ______________________________

Dibuja lo que pasa al principio, en el medio y al final del cuento. Dicta una oración o frase sobre tus dibujos o escríbela en las líneas de abajo.

Nombre ______________________________

Rodea con un círculo la palabra que completa mejor cada oración.

1. La __________ está hecha de papel.
   casa caja loma

2. Juan tiene un __________ en el bolsillo.
   club parque billete

3. Marisa lleva una raqueta y una __________.
   pelota silla loma

4. La planta del salón de clases es __________.
   noticia verde salida

5. En el __________ hay muchas flores.
   parque desierto tenis

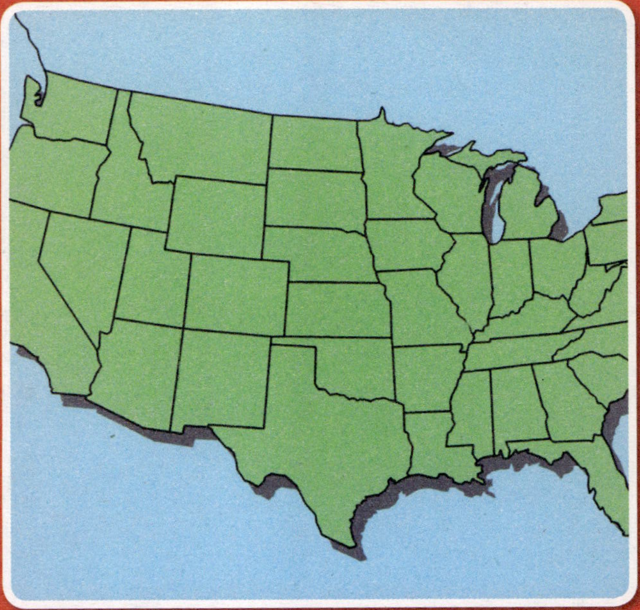

Tarjetas de palabras de vocabulario

ideas	**inventó**
pueblo	**alambres**
mejorar	**estado**

El cerco ayudó a mejorar la vida en los pueblos y en los campos. Los perros y gatos ya no pisaban los jardines. Los animales del campo ya no escapaban. ¡Todo estaba en su lugar!

Nombre ____________________

¡Todo en su lugar!

Hace mucho tiempo, no existían los cercos. Nadie los había inventado. Por eso, las personas tenían muchos problemas con sus animales.

Para los que vivían en un pueblo, el problema eran los perros y los gatos. Andaban sueltos por los jardines. Pisaban las plantas y las flores.

El otro problema estaba en el campo. Los animales de granja se escapaban. A veces, se iban al pueblo. Las personas se asustaban. Los animales también se asustaban.

Los campos eran grandes. Y los animales se iban lejos y se perdían. ¡Muchas veces, se iban a otro estado!

Nadie sabía qué hacer. No tenían ideas. No podían tener a los animales atados todo el tiempo.

Hasta que alguien inventó el cerco. ¡Claro! Tenían que hacer cercos con alambres.

Nombre ______________________________

Lee estas preguntas. Marca la respuesta correcta.

1. ¿Qué pasaba cuando no existían los cercos?

- ⬭ Todo estaba en su lugar.
- ⬭ Las personas tenían problemas con sus animales.
- ⬭ Los animales nunca pisaban las flores.

2. ¿Qué hacían los animales de granja cuando no había cercos?

- ⬭ La gente los asustaba.
- ⬭ Se escapaban.
- ⬭ Se quedaban en la granja.

3. ¿De qué están hechos los cercos?

- ⬭ de hilo
- ⬭ de flores
- ⬭ de alambre

Nombre ______________________________

4. ¿Por qué los cercos ayudaron a mejorar la vida en los pueblos y los campos?

- porque los animales se quedaban en su lugar
- porque los pajaritos pisaban los jardines
- porque los campos eran grandes

5. **Escribe** o dicta las palabras más importantes del cuento.

Nombre ______________________________

Dibuja uno de los detalles del cuento. Dicta una oración o frase sobre tu dibujo o escríbela en las líneas de abajo.

Nombre ______________________________

Rodea con un círculo oración en la que se usa correctamente la palabra de vocabulario subrayada.

1. La rueda se inventó hace mucho tiempo.
   Una persona inventó el Sol.

2. Mi pueblo chocó con un carro.
   Mis abuelos viven en un pueblo pequeño y bonito.

3. Mi suéter está hecho con alambres.
   Los cercos están hechos con alambres.

4. California es un estado de los Estados Unidos.
   Este estado, iremos de vacaciones al mar.

5. Para mejorar las notas en la escuela, no hay que estudiar.
   Muchos inventos ayudaron a mejorar la vida de las personas.

Tarjetas de palabras de vocabulario

suelo	rompió
cereal	leche

—Emilio, has ganado el concurso —afirmó Juanjo—. Es más importante dar una respuesta honesta que ser un buen cocinero. ¡Bien hecho!

Nombre ______________________

La respuesta correcta

Hay un programa de televisión que todos aman. Se llama "La cocina de los niños". ¡Los niños cocinan!

Todos los años, el gran cocinero Juanjo elige a los niños cocineros. Hace un concurso. Primero, los niños van a la televisión. Luego, cocinan algo. Por último, Juanjo elige al mejor cocinero.

Martín, Daniel y Emilio fueron al concurso. Estaban muy nerviosos.

El concurso empezó. Los niños cocinaban. De repente, se cayó un plato de cereal con leche al suelo.

—¿Cómo se cayó el plato? —preguntó el cocinero Juanjo.

Martín respondió primero:

—Se abrió la ventana. Vino un pájaro y volcó el cereal.

Luego, habló Daniel:

—El plato se rompió solo.

—En realidad, fuimos todos —dijo Emilio—. Yo mojé la mesa. Martín apoyó el plato. Daniel lo tiró sin querer. Lo siento.

Nombre ________________________

Lee estas preguntas. Marca la respuesta correcta.

1. ¿Qué hace el gran cocinero Juanjo todos los años?
   - ⬭ Mira la televisión.
   - ⬭ Elige a los niños cocineros y hace un concurso.
   - ⬭ Elige al mejor deportista.

2. Primero, los niños van a la televisión. Allí, ¿qué hacen?
   - ⬭ Ganan el concurso.
   - ⬭ Están muy nerviosos.
   - ⬭ Cocinan algo.

3. ¿Quién fue el último en contestar la pregunta de Juanjo?
   - ⬭ Daniel
   - ⬭ Emilio
   - ⬭ Martín

Nombre ____________________

4. ¿Por qué Emilio ganó el concurso?
- porque dio una respuesta honesta
- porque era el mejor cocinero
- porque mintió

5. **Escribe** o dicta qué pasó después de que se cayó el plato de cereal al suelo.

Nombre ________________________________

Dibuja lo que pasa justo antes de que Emilio gane el concurso. Dicta una oración o frase sobre tu dibujo o escríbela en las líneas de abajo.

Nombre ____________________________

Rodea con un círculo la palabra que completa mejor cada oración. Puedes usar una palabra más de una vez.

1. Todas las mañanas, María come un gran tazón lleno de __________.
   caramelos   cereal   sal

2. Primero, tomo un vaso y luego lo lleno de __________.
   leche   suelo   plantas

3. El plato se cayó y se __________.
   inventó   cocinó   rompió

4. No te sientes en el __________ que te vas a ensuciar.
   concurso   suelo   cocinero

5. Mi postre favorito es el arroz con __________.
   leche   agua   pan

Tarjetas de palabras de vocabulario

restaurante	ensaladas
entrada	asientos

En un restaurante común, hay pollo, carne, ensaladas. Pero en mi restaurante, la comida es especial. El helado nunca se derrite. La sopa no quema. La carne nunca es dura. Y hay frutas de todos los colores.

¡No hay ningún lugar como mi restaurante!

Nombre ____________________

Mi restaurante

¡Amigos! Los invito a mi restaurante. No es un restaurante común. Es original. ¡Pasen por aquí!

De lejos, es igual a todos los restaurantes. Pero de cerca es especial.

En un restaurante común, hay una entrada. Pero en mi restaurante, ¡hay cinco entradas! Una entrada es para los altos. Otra es para los bajitos. Una entrada es para los niños. Otra es para las niñas. Y una entrada es para las mascotas.

Al igual que en otros restaurantes, en mi restaurante hay asientos. Pero en mi restaurante, además, ¡hay columpios! Cuando terminan de comer, pueden ir a columpiarse. Los columpios de mi restaurante son tan divertidos como los del parque.

Nombre ________________________

Lee estas preguntas. Marca la respuesta correcta.

1. ¿Por qué es distinto el restaurante?
   - ⬭ porque tiene cosas que los demás no tienen
   - ⬭ porque tiene cosas parecidas a los otros
   - ⬭ porque es igual a los demás restaurantes

2. ¿Qué tienen de diferente las entradas de este restaurante?
   - ⬭ Un restaurante común tiene dos entradas, y aquí hay una.
   - ⬭ Un restaurante común tiene cinco entradas, y aquí hay una.
   - ⬭ Un restaurante común tiene una entrada, y aquí hay cinco.

3. ¿Qué tiene el restaurante además de asientos?
   - ⬭ mascotas
   - ⬭ pollo
   - ⬭ columpios

Nombre ______________________________

4. ¿Cómo es la comida?

- ⬭ La comida aquí no es especial, y en los restaurantes comunes, sí.
- ⬭ La comida aquí y en los restaurantes comunes es especial.
- ⬭ La comida aquí es especial, y en los restaurantes comunes, no.

5. **Escribe** o dicta en cuál de los restaurantes hay helado que nunca se derrite.

Nombre ______________________________

Dibuja algo que sea diferente en un restaurante común y en el restaurante especial. Dicta una oración o frase sobre tus dibujos o escríbela en las líneas de abajo.

Nombre ______________________________

Rodea con un círculo la oración en la que se usa correctamente la palabra de vocabulario subrayada.

1. Era el cumpleaños de mamá. Fuimos a un restaurante a festejarlo.
   Los niños van a nadar al restaurante.

2. Mati y Juli se van de vacaciones a la entrada.
   La entrada de esa casa es muy grande.

3. Mi abuela cocina asientos muy ricos.
   Los asientos del cine nuevo son cómodos.

4. La comida preferida de María son las ensaladas.
   Mis ensaladas tienen muchos árboles.

5. Nos bajamos del restaurante en la próxima estación.
   En el restaurante de mi tío sirven comidas muy ricas.